Γεώργιος Πολύδωρος

Ο καλύτερός μου φίλος

Στα παιδιά μου Χάρη και Ιωάννα

FYLATOS PUBLISHING

FYLATOS PUBLISHING

ΕΙΣΑΙ ΣΥΓΓΡΑΦΕΑΣ;
ΓΙΝΕ ΕΚΔΟΤΗΣ!

ΣΤΙΣ **ΕΚΔΟΣΕΙΣ ΦΥΛΑΤΟΣ**

Copyright για ελληνική έκδοση
© Εκδόσεις Φυλάτος, © Fylatos Publishing,
Θεσσαλονίκη 2014

Συγγραφέας: Γεώργιος Πολύδωρος
Εικονογράφος: Νικόλαος Πολυχρονόπουλος

© Εκδόσεις Φυλάτος, © Fylatos Publishing

e-mail. contact@fylatos.com
web: www.fylatos.com

Σχεδιασμός Εξωφύλλου: Νικόλαος Πολυχρονόπουλος για τις © Εκδόσεις Φυλάτος
Σελιδοποίηση-Σχεδιασμός: © Εκδόσεις Φυλάτος

ISBN: 978-618-5123-40-6

Ο καλύτερός μου φίλος

Γεώργιος Πολύδωρος

Ζωγραφιές: Νικόλαος Πολυχρονόπουλος

Εκδόσεις Φυλάτος
Fylatos Publishing
Θεσσαλονίκη 2014

Το Ατύχημα

Ήταν Σάββατο πρωί, η γαργαλιστική μυρωδιά από τις τηγανίτες που ετοίμαζε η μητέρα μου στην κουζίνα έφτασε στη μύτη μου και κατάφερε να μου ανοίξει το ένα μάτι. Κοίταξα δίπλα μου το ηλεκτρονικό ξυπνητήρι, που εκείνη τη στιγμή έδειχνε εννέα ακριβώς. Δεν πρόλαβα να ανοίξω και το άλλο μου μάτι, όταν ακούστηκε, σαν καμπάνα, η φωνή της μητέρας μου.

-Γιώργο, ώρα να σηκωθείς, στις δέκα έχεις προπόνηση!

Πετάχτηκα όρθιος, ντύθηκα και κατέβηκα στην κουζίνα.

-Καλημέρα, αγόρι μου, είπε, με χαμόγελο, η μητέρα μου, έχοντας τον νου της στο τηγάνι, όπου μοσχοβολούσαν οι τηγανίτες.

-Καλημέρα, μαμά, απάντησα και κάθισα στο στρωμένο τραπέζι.

Αυτές οι Σαββατιάτικες τηγανίτες είναι οι αγαπημένες μου.

-Μαμά, πάλι «ζωγράφισες», της είπα και εκείνη χαμογέλασε.

Η ώρα ήταν δέκα παρά τέταρτο όταν ακούστηκε το κουδούνι της εξώπορτας. Ήταν ο Ανδρέας.

-Άντε, θα αργήσουμε, είπε, πάμε... θα μας πάει ο πατέρας μου.

Γύρισα στην κουζίνα, πήρα την τσάντα μου και έτρεξα στο αυτοκίνητο.

-Να προσέχετε! Ήταν οι τελευταίες λέξεις της μητέρας μου, ενώ το αυτοκίνητο απομακρυνόταν.

«Να προσέχετε», αυτά ήταν, κάθε φορά, τα τελευταία της λόγια.

-Καλημέρα, κύριε Νίκο...

-Καλημέρα, Γιώργο, απάντησε, εγκάρδια, ο πατέρας του Ανδρέα.

-Τι θα κάνετε σήμερα, θα τους κερδίσετε; με ρώτησε.

-Αν παίξουμε σωστά, θα τους κερδίσουμε...

-Ναι, μπαμπά, συμφώνησε και ο Ανδρέας, θα τους διαλύσουμε!

Πηγαίνοντας προς το γήπεδο, ανταλλάσαμε τις συνηθισμένες στις περιπτώσεις αυτές κουβέντες.

-Θέλεις να δούμε κανένα DVD, το απόγευμα στο σπίτι μου; ρώτησα τον Ανδρέα.

- Θα συνεννοηθώ με την μητέρα μου, και θα σου τηλεφωνήσω, μου απάντησε ο Ανδρέας, τυπικός όπως πάντα.

-Ξέρεις, η ταινία με τα «στρουμφάκια» που πρωταγωνιστούν και άνθρωποι ήταν εξαιρετική, θέλεις το απόγευμα να νοικιάσουμε το DVD, «Οζ, Μέγας και Παντοδύναμος;», συνέχισε.

-Εντάξει, Ανδρέα, αρκεί να μη μας έχει βάλει πολύ διάβασμα η κυρία Χριστίνα, όπως συνηθίζει να κάνει κάθε Παρασκευή...

-Ξέχασες Γιώργο; Ξεχνιούνται αυτά; Την Παρασκευή ήταν άρρωστη η δασκάλα μας και δεν ήρθε στο σχολείο!

-Η πίτσα είναι έτοιμη παιδιά, ακούστηκε η φωνή της μητέρας του Ανδρέα, της κυρίας Κατερίνας.

Όπως οι τηγανίτες της μητέρας μου, έτσι και η πίτσα της κυρίας Κατερίνας ήταν πεντανόστιμη. Τρώγαμε χωρίς να μιλάει κανένας. Ακουγόταν μόνο ο συνηθισμένος θόρυβος του τραπεζιού.

-Ποιος θέλει ένα κομμάτι ακόμα; ρώτησε η κυρία Κατερίνα.

Είχα φάει ήδη τρία κομμάτια, και η κοιλιά μου ήταν έτοιμη να εκραγεί. Κοιταχτήκαμε με τον Ανδρέα και κατάλαβα ότι δεν ήθελε και εκείνος άλλο.

-Μαμά, δε θα φάμε άλλο, είπε ο Ανδρέας, ευχαριστούμε

πολύ, όλα ήταν πολύ νόστιμα. Θα πάμε για λίγο στο δωμάτιό μου.

Κατά τις εννιά καληνύχτισα τους γονείς του Ανδρέα, διέσχισα τον δρόμο και μπήκα στην αυλή του σπιτιού μου.

Ο Φλας, ο σκύλος μου, ένα κατάμαυρο βέλγικο λυκόσκυλο, μόλις με αντιλήφθηκε ήρθε τρέχοντας κοντά μου, κουνώντας την ουρά του.

-Εντάξει Φλας, πεινάς ε!!!, είπα και γέμισα το δοχείο του τροφή.

Βηματίζοντας προς την είσοδο, άκουγα τα δόντια του Φλας, που θρυμμάτιζαν την τροφή του.

Την Κυριακή το πρωί, κατά τις έντεκα και μισή, ακούστηκε το γνώριμο κουδούνισμα του τηλεφώνου.

-Είναι ο Ανδρέας, Γιώργο, για σένα είναι το τηλεφώνημα...

-Ευχαριστώ μαμά... Ναι... έλα Ανδρέα καλημέρα, τι κάνεις, είσαι έτοιμος;

-Γιώργο, δυστυχώς, δε θα έρθω σήμερα στην προπόνηση. Πρέπει να επισκεφθούμε τον θείο μου τον Γιάννη, που ήρθε από την Αμερική, έχω να τον δω πολύ καιρό και είναι, ξέρεις, ο αγαπημένος μου θείος.

-Εντάξει, Ανδρέα, καταλαβαίνω... θα τα πούμε όταν γυρίσεις, απάντησα και κατέβασα το ακουστικό.

Το απόγευμα, ήμουν μπροστά στον υπολογιστή και συνομιλούσα στο facebook. Ήταν μία συνηθισμένη συνομιλία. Η Ελένη τσακώθηκε με τον Μιχάλη γιατί την είπε αγοροκόριτσο, του Γιάννη του αρέσει η Μαρία, ο Χάρης δε μιλάει στον Πέτρο και δε συμμαζεύεται...

Πάνω στο τελευταίο είχε ξεκινήσει ολόκληρη συζήτηση, ποιος ήταν μπροστά όταν μάλωσαν, τι είπε ο Χάρης στον Πέτρο, γιατί ο Πέτρος έφυγε όταν χτύπησε το κουδούνι χωρίς να χαιρετήσει ...

Καθώς άρχισαν να μπαίνουν και άλλοι συμμαθητές στη συζήτηση, ακούστηκε το κουδούνι της εξώπορτας και ο Φλας που γαύγιζε δυνατά.

-Σίγουρα κάποιος άγνωστος είναι, σκέφτηκα, διαφορετικά ο Φλας θα κουνούσε την ουρά, χωρίς να γαυγίζει.

Από το σαλόνι ακούγονταν έντονες συνομιλίες.

Κατεβαίνοντας τη σκάλα, άκουγα καθαρά τι έλεγαν.

Ήταν πρώτη η μητέρα μου που ρωτούσε γεμάτη απόγνωση.

-Δεν είναι δυνατόν. Πώς έγινε; ρωτούσε και ξαναρωτούσε.

-Δεν ξέρω λεπτομέρειες... ένα αμάξι, φαίνεται, παραβίασε το STOP και χτύπησε στο πίσω μέρος το αυτοκίνητο του Νίκου. Εκεί καθόταν ο Ανδρέας που, μάλλον, δεν φορούσε ζώνη. Αυτό έμαθα μόνο, απάντησε η κυρία Μαργαρίτα, που έμενε στο τέλος του δρόμου.

Στο Νοσοκομείο

Μπαίνοντας στο δωμάτιο που νοσηλευόταν ο Ανδρέας, είδα την κυρία Κατερίνα, τη μητέρα του, καθισμένη δίπλα στο κρεβάτι του φίλου μου.

Τα μάτια της ήταν κόκκινα και γεμάτα δάκρυα.

-Τι έγινε Κατερίνα μου, τι κακό μας βρήκε, πώς είναι το παιδί; ρώτησε, η μητέρα μου, με ενδιαφέρον και αγωνία, που ήταν ολοφάνερη.

-Αχ! Ιωάννα, ο Ανδρέας μου δε θα περπατήσει ξανά, αυτό μας είπαν οι γιατροί... ήταν, χωρίς μισόλογα, η απάντηση της μητέρας του Ανδρέα.

Η μητέρα μου έμεινε άναυδη. Άκουγε κάτι απελπιστικά σοβαρό.

-Κάνε υπομονή Κατερίνα, μη χάνεις την πίστη σου... ήταν η συμπονετική και ταυτόχρονα παρηγορητική απάντηση της μητέρας μου, καθώς κρατώντας την από το μπράτσο, έβγαιναν από το δωμάτιο.

Εν τω μεταξύ, πλησίασα το κρεβάτι και έπιασα εκείνο το χέρι του Ανδρέα που δεν είχε σωληνάκια. Ο φίλος μου γύρισε το κεφάλι του προς το μέρος μου και ένα αμυδρό χαμόγελο, ίσα που φάνηκε στα χείλη του.

Του χαμογέλασα και εγώ και έσφιξα το χέρι του ελαφρά. Μετά έκλεισε τα μάτια του και αφέθηκε στην αγκαλιά του Μορφέα.

Πλησίασα κοντά στο αυτί του και ψιθύρισα, με όλη μου την ψυχή, με όλη μου την καρδιά «εδώ είμαι, για σένα, φίλε».

Την επόμενη μέρα πήγαμε, κατά τις έξι το απόγευμα, με τον πατέρα μου στο νοσοκομείο. Όλοι οι συμμαθητές μας, αλλά και παιδιά από τα άλλα τμήματα του σχολείου ήταν εκεί. Το δωμάτιο του Ανδρέα ασφυκτιούσε από κόσμο. Παντού υπήρχαν λουλούδια, λούτρινες κούκλες κάθε είδους και μεγέθους και σε μία γωνία του δωματίου ένα τραπεζάκι φορτωμένο με γλυκά και αναψυκτικά.

Ο Ανδρέας ήταν ξαπλωμένος στο κρεβάτι του, ήταν αρκετά ευδιάθετος, ωστόσο διέκρινα μία μελαγχολία να σκιάζει το άλλοτε φωτεινό βλέμμα του. Δεν ήταν τίποτα σίγουρο ακόμη για την κατάστασή του, αλλά και μόνο που ήταν θύμα σε ένα σοβαρό τροχαίο ατύχημα με αποτέλεσμα τον βαρύ τραυματισμό του, είναι από μόνο του δυσοίωνο.

Οι ημέρες περνούσαν, αλλά βελτίωση παρουσίασαν μόνο οι κινήσεις των χεριών του Ανδρέα. Τα κάτω άκρα του δεν έδειξαν καμία μεταβολή, καμία βελτίωση. Εξακολουθούσαν να είναι παράλυτα με ελάχιστες πιθανότητες βελτίωσης.

Τον επισκεπτόμουν καθημερινά, τα απογεύματα, και έμενα μέχρι τις εννιά το βράδυ. Το επισκεπτήριο στο νοσοκομείο επιτρεπόταν μέχρι τις εννιά. Η διάθεσή του ήταν αρκετά καλή, αλλά πολλές φορές, όταν κοίταζα τα μάτια του ένιωθα τη λύπη να αναδύεται από μέσα τους. Αυτό μου μάτωνε την καρδιά, που όμως προσπαθούσα να μην το δείχνω, αλλά αντίθετα να τον ενθαρρύνω και να τον εμψυχώνω.

Ένα Σάββατο δεν πήγα, επίτηδες, στην πρωινή προπόνηση. Αποφάσισα να επισκεφτώ τον Ανδρέα στο νοσοκομείο. Αισθανόμουν την ανάγκη να μείνω περισσότερη ώρα δίπλα του.

Ήταν, ήδη, δέκα όταν φτάσαμε εγώ και ο πατέρας μου. Μπήκαμε στον προθάλαμο, οι πόρτες άνοιξαν αυτόματα και βρεθήκαμε στην αίθουσα υποδοχής. Ανεβήκαμε στον δεύτερο όροφο και προχωρήσαμε στον διάδρομο, όταν από το δωμάτιο είδαμε να βγαίνει ο Ανδρέας καθισμένος σε ένα αναπηρικό καροτσάκι. Από πίσω πρόβαλε ο κύριος Νίκος, ο πατέρας του, σπρώχνοντας το αμαξίδιο.

-Γεια σου, Βασίλη.

-Καλημέρα Γιώργο...

-Καλημέρα και στους δυο σας, είπε ο πατέρας μου και αντάλλαξε θερμή χειραψία με τον κύριο Νίκο.

Οι δύο άνδρες προχώρησαν λίγο πιο πέρα γιατί δεν ήθελαν να ακούσουμε τι θα πουν.

-Κοίταξε, μου λέει ο Ανδρέας, δείχνοντας το καροτσάκι, αυτά είναι τα καινούργια μου πόδια. Με αυτά θα περπατώ τώρα...

-Τι είπες Ανδρέα; προσπάθησα να ψελλίσω, αλλά ένας κόμπος στον λαιμό μου έπνιξε τη φωνή μου. Ένιωσα ένα ισχυρό σοκ. Μία κοίταζα το καροτσάκι και μία τον Ανδρέα.

-Όποιος κάνει του κεφαλιού του και δε φοράει ζώνη, αυτά παθαίνει και μάλιστα θα μπορούσα να τραυματιστώ σοβαρότερα, απ' ότι λένε οι γιατροί. Ήμουν, στην ατυχία μου, τυχερός που δεν έμεινα παράλυτος από τον λαιμό και κάτω, καθηλωμένος για όλη μου τη ζωή σε ένα κρεβάτι, απάντησε ο Ανδρέας, προσπαθώντας να φανεί θαρραλέος, αλλά και να ενθαρρύνει εμένα, που ήμουν ακόμη σοκαρισμένος.

-Έλα, σε παρακαλώ, σπρώξε με μέχρι το τέλος του διαδρόμου, είπε χαμηλόφωνα και άρχισα να σπρώχνω το καροτσάκι.

-Τη Δευτέρα πάω σπίτι, συνέχισε, οι γιατροί για την ώρα έκαναν αυτό που έπρεπε να κάνουν. Θα ξαναέρθω μετά από δύο μήνες.

Ήθελα να τον ρωτήσω τόσα πράγματα, αλλά δεν μπορούσα. Σα να είχα καταπιεί τη γλώσσα μου.

-Έλα, μου είπε, πάμε στο κυλικείο. Ξέρεις πού είναι; Θέλω μια πορτοκαλάδα με ανθρακικό... τόσον καιρό στο νοσοκομείο δε μου έδιναν τίποτα άλλο να πιω, εκτός από νερό και φάρμακα.

Άρχισε να τσουλάει το καροτσάκι μόνος του.

Το Πάρτι Έκπληξη

Ήταν ένα ιδιαίτερο απόγευμα Δευτέρας. Παρακολουθούσα από το παράθυρο του σπιτιού μου την άκρη του δρόμου. Ο Ανδρέας θα έφτανε από στιγμή σε στιγμή. Μετά από πολύ καιρό, θα ερχόταν να ξαναζήσει στο σπίτι του. Όλα έπρεπε να είναι τέλεια για τον φίλο μου.

Το μεσημέρι οι συμμαθητές μας και μερικοί γονείς τους διαμόρφωσαν τον χώρο του σαλονιού. Μετακίνησαν τα έπιπλα, άνοιξαν χώρο, κρέμασαν μπαλόνια, κορδέλες, μάσκες, έφεραν κομφετί και καραμούζες και όλα τα συνηθισμένα είδη της αποκριάς. Προετοίμασαν τον χώρο για ένα σούπερ αποκριάτικο πάρτι. Πλησίαζαν οι απόκριες και ήταν ο ιδανικότερος συνδυασμός για ένα πάρτι. Το εξιτήριο του Ανδρέα από το νοσοκομείο συνέπεσε με την αρχή του Τριωδίου.

Το αυτοκίνητο του κυρίου Νίκου μόλις έστριψε στην γωνία. Τότε, σα να ξύπνησα από λήθαργο, άρχισα να κατεβαίνω γρήγορα τις σκάλες, πηδώντας τρία τρία τα σκαλοπάτια. Έφτασα μπροστά στο σπίτι του Ανδρέα όταν το αυτοκίνητο σταμάτησε στην εξώπορτα του σπιτιού του.

-Γεια σου, Γιώργο, είπε ο κύριος Νίκος, μισό λεπτό να βγάλω το καροτσάκι από το πορτμπαγκάζ και μετά βάλε ένα χεράκι να ανεβάσουμε τον Ανδρέα στο σπίτι.

Έφερε το καροτσάκι στην πλαϊνή πόρτα του αυτοκινήτου και ο Ανδρέας γλίστρησε πάνω του. Στη συνέχεια, τον έσπρωξα στην ειδικά διαμορφωμένη ράμπα, μέχρι την είσοδο του σπιτιού. Ο Ανδρέας δεν είχε μιλήσει καθόλου μέχρι τότε, απλώς παρατηρούσε τη ράμπα. Ήταν κάτι καινούριο και του προκαλούσε την περιέργεια. Άλλωστε, πολλά πράγματα εισέβαλαν απότομα στη ζωή του, αλλάζοντάς τη για πάντα...

Ο πατέρας του άνοιξε την πόρτα του σπιτιού και μπήκαμε μέσα.

Είχε σουρουπώσει και ήταν αρκετά σκοτεινά στο χολ. Προχώρησα προς στο σαλόνι, όπως είχαμε συμφωνήσει.

-Μισό λεπτό ν' ανοίξω το φως, Ανδρέα, είπα και πάτησα τον διακόπτη. Αυτό που επακολούθησε δεν περιγράφεται.

Ήταν όλοι εκεί, μπροστά στον Ανδρέα, με ένα τεράστιο πανό «Καλώς ήρθες σπίτι Ανδρέα». Χειροκροτούσαν, φώναζαν και πετούσαν κομφετί και μπαλόνια. Ο Ανδρέας έμεινε άφωνος.

Ένα χαμόγελο ήταν ζωγραφισμένο στο πρόσωπο του όλο το βράδυ. Όλα πήγαν τέλεια.

Μετά από δύο ώρες, η ευχάριστη μουσική εξακολουθούσε να γεμίζει την ατμόσφαιρα. Το κεντρικό πρόσωπο της βραδιάς ήταν ο Ανδρέας που απολάμβανε την αγάπη των φίλων του. Μία σφυρίχτρα ήταν μόνιμα στα χείλη του και με μία μάσκα στο πρόσωπό του στριφογύριζε ανάμεσά μας. Το σαλόνι είχε αδειάσει από τα έπιπλα και έτσι δημιουργήθηκε χώρος για να χορέψουμε.

-Παιδιά, μαζευτείτε όλοι στη μέση του σαλονιού. Ανδρέα, εσύ πήγαινε στο κέντρο, ώρα να βγάλουμε μερικές φωτογραφίες, είπε ο κύριος Νίκος και όλοι υπάκουσαν.

Η εξαιρετική υποδοχή έφτασε στο τέλος της.

Ένα ένα τα παιδιά, αποχαιρετούσαν και έφευγαν μαζί με τους γονείς τους. Ήταν, κιόλας, δώδεκα τα μεσάνυχτα.

Την άλλη μέρα είχαμε σχολείο και το πρωινό ξύπνημα είναι πάντα δύσκολο. Στο τέλος, μείναμε εγώ και ο Πέτρος.

-Μπαμπά, θα με βοηθήσεις να πάω λίγο στο δωμάτιό μου, ρώτησε ο Ανδρέας.

Πίσω του ακολουθήσαμε και εμείς.

Όταν μπήκαμε στο δωμάτιο μιλήσαμε λίγο και αποφασίσαμε να ανεβάσουμε τις φωτογραφίες του πάρτι στο facebook. Καθίσαμε μπροστά στον υπολογιστή και τις ανεβάσαμε όλες, μία μία.

Ο Ανδρέας δε σταμάτησε να σχολιάζει τις αποκριάτικες στολές των συμμαθητών μας. Στη συνέχεια είδε τα μηνύματα στον τοίχο του facebook. Ήταν ένας τοίχος γεμάτος μηνύματα αγάπης. «Ανδρέα, μας έλειψες», «Ανδρέα, σ' αγαπάμε», «Ανδρέα, σου αφιερώνω το τραγούδι της Demy "Μια Ζωγραφιά"», «Να έρθεις σύντομα στο σχολείο, σε επιθυμήσαμε» κ.ά.

Ο Ανδρέας διάβαζε αχόρταγα.

-Η ώρα είναι μία και μισή, ακούστηκε η φωνή της κυρίας Κατερίνας, διακόπτοντας την προσήλωσή μας στον υπολογιστή.

-Ανδρέα, αγάπη μου, συνεχίζετε αύριο, έχει και αύριο μέρα... ο γιατρός είπε να μην κουράζεσαι πολύ...

Το Σχολείο

Όταν πήγα το πρωί στο σχολείο, ο κύριος Νίκος στεκόταν έξω από το γραφείο του Διευθυντή, ο οποίος εκείνη τη στιγμή απουσίαζε.

-Καλημέρα, κύριε Νίκο, είπα και προχώρησα προς την τάξη μου. Εκείνος έγνεψε, κουνώντας το κεφάλι του.

Η τάξη μου, η ΣΤ΄ Δημοτικού, είναι ακριβώς δίπλα στο γραφείο του Διευθυντή, στον δεύτερο όροφο. Στον ίδιο όροφο, βρίσκονται τα δύο τμήματα της Ε΄ Δημοτικού, ένα τμήμα της Δ΄ Δημοτικού και στο τέλος του διαδρόμου βρίσκεται η αίθουσα πληροφορικής.

Μετά την προσευχή ανέβηκα γρήγορα στην τάξη μου. Περνώντας έξω από το γραφείο του Διευθυντή, είδα τον κύριο Νίκο με τον Διευθυντή να συζητάνε χαμηλόφωνα.

Την 1η ώρα είχαμε Μαθηματικά, τη 2η και 3η είχαμε Γλώσσα. Μπήκαμε για την 4η ώρα που είχαμε Έκθεση/Έκφραση και η κυρία Χριστίνα, η δασκάλα μας, άρχισε να μας λέει, με τον συνηθισμένο γλυκό της τρόπο.

-Παιδιά, σήμερα θα μιλήσουμε για τον ρατσισμό. Ποιος μπορεί να εξηγήσει τι σημαίνει ρατσισμός;

Μετά από μια μικρή παύση η Άννα, η συμμαθήτριά μας έδωσε τη δική της ερμηνεία.

-Ρατσισμός είναι να μη σε κάνουν παρέα οι συμμαθητές σου επειδή είσαι μαύρος ή Ταϊλανδός.

-Επειδή είσαι Αλβανός ή Πακιστανός να μην μπορείς να

γίνεις σημαιοφόρος στο σχολείο σου, είπε ο Γιούλιαν.

Ο Μιχάλης συμπλήρωσε:

- Να σε κοροϊδεύουν γιατί φοράς σιδεράκια, κυρία!

Σήκωσα το χέρι μου και είπα αυτό που εγώ πίστευα.

-Ρατσισμός είναι να θεωρεί κάποιος τον εαυτό του καλύτερο από κάποιον άλλον.

-Όλα αυτά είναι πολύ σωστά, αποφάνθηκε η κυρία Χριστίνα, επιβραβεύοντάς μας.

Ο διάλογος συνεχίστηκε μέχρι το τέλος της ώρας με αναφορές σχετικά με την εχθρική συμπεριφορά απέναντι σε ορισμένες κοινωνικές ομάδες. Τους μετανάστες, τα άτομα με ειδικές ανάγκες, τους ομοφυλόφιλους και τους ναρκομανείς. Όταν χτύπησε το κουδούνι, η κυρία Χριστίνα μας είπε:

-Παιδιά, θα γράψετε μία έκθεση στην οποία θα αναφέρετε ένα περιστατικό ρατσισμού που έπεσε στην αντίληψή σας.

Την άλλη ημέρα το πρωί, είδα ξανά τον κύριο Νίκο στο γραφείο του Διευθυντή. Μιλούσαν έντονα και ο κύριος Νίκος χειρονομούσε εκνευρισμένος. Την προηγούμενη ημέρα το απόγευμα ο Ανδρέας μού είπε ότι ήθελε να συνεχίσει την τάξη του στο σχολείο μας. Ο Διευθυντής όμως δεν το έβλεπε θετικά. Δεν υπάρχουν οι κατάλληλες εγκαταστάσεις για παιδιά με ειδικές ανάγκες, ήταν η δικαιολογία.

Στη συνέχεια, ο πατέρας του Ανδρέα μίλησε με την Πρόεδρο του Συλλόγου Γονέων και Κηδεμόνων, την κυρία Φαίη, η οποία του υποσχέθηκε ότι θα μιλήσει στον Διευθυντή.

-Μέχρι το Υπουργείο θα φτάσω, τον διαβεβαίωσε.

Το Σάββατο πέρασε ήρεμα. Είδαμε με τον Ανδρέα την ταινία με τον «Μάγο του Οζ», καθίσαμε αρκετές ώρες στο facebook και περάσαμε πολύ χρόνο συζητώντας για την επιστροφή του στο σχολείο. Το θέμα αυτό τον απασχολούσε πολύ.

-Ο Διευθυντής έχει αρνητική στάση απέναντί μου, δε θέλει

να συνεχίσω στο ίδιο σχολείο, ήταν το παράπονό του.

-Πρέπει να κάνουμε κάτι, πρότεινα, το θέμα είναι ρατσιστικό. Όλα τα παιδιά πρέπει να έχουν τις ίδιες ευκαιρίες μάθησης.

Πάνω σε ότι αφορά τον ρατσισμό είχαμε μιλήσει εκτενώς με την κυρία Χριστίνα την περασμένη εβδομάδα, έτσι μέσα στο μυαλό μου στριφογύριζαν διάφορες ιδέες.

Την Κυριακή σηκώθηκα νωρίς και ανέλαβα δράση. Μία ιδέα τρύπωσε στο μυαλό μου. Έπρεπε να σκεφτούμε λύσεις. Μπήκα στο facebook και έγραψα στους φίλους μου.

«Παιδιά, ο Διευθυντής δεν θέλει να συνεχίσει στο σχολείο μας ο Ανδρέας. Σκεφτείτε λύσεις για να μείνει.»

Εγώ ήδη είχα σκεφτεί μία λύση και τους την πρότεινα αμέσως.

«Όταν χτυπήσει το κουδούνι για να μπούμε στην τάξη, να καθίσουμε κάτω και να μην μπούμε την 1η ώρα».

Αυτό ήταν. Κάποια στιγμή μετά τις δώδεκα το chat πήρε φωτιά.

«Να φωνάξουμε τα κανάλια», έγραψε η Χριστιάνα.

«Να τον μηνύσουμε, για άνιση μεταχείριση», πρότεινε η Ζωή.

«Να πάμε στο Υπουργείο Παιδείας», συνέχισε ο Πέτρος.

«Να κάνουμε κατάληψη του σχολείου, όπως ο αδελφός μου στο Λύκειο», αντιπρότεινε ο Χάρης, που ανέκαθεν είναι ο πιο δυναμικός.

«Να το πούμε στους γονείς μας, να πιέσουν τον Διευθυντή», συμβούλευε η Άννα, που είναι ένα ήρεμο και συγκρατημένο κορίτσι.

«Να το αναφέρουμε στη Unicef», σχολίασε ο Γιούλιαν.

Τη Δευτέρα το πρωί, τα πηγαδάκια στο προαύλιο του σχολείου είχαν αντικείμενο συζήτησης. Έπρεπε να βρεθεί τρόπος ώστε να μείνει ο Ανδρέας στο σχολείο μας.

Η Χριστιάνα, η πρόεδρος της τάξης, δέχτηκε την πρότασή μου και συμφώνησε να μείνουμε την πρώτη ώρα στο προαύλιο

του σχολείου, ως ένδειξη διαμαρτυρίας. Έγινε δεκτό παρά τις λιγοστές αντιρρήσεις κάποιων συμμαθητών μας.

Λίγο αργότερα, ο Διευθυντής και οι Δάσκαλοι της Στ΄ τάξης ήρθαν στο σημείο του προαυλίου που καθόμασταν και συζητήσαμε αρκετή ώρα για το θέμα του Ανδρέα.

-Το σχολείο δεν μπορεί να εξυπηρετήσει μαθητές με κινητικά προβλήματα, ανέφερε ο Διευθυντής, χρειάζονται μετατροπές που απαιτούν χρήματα, που το σχολείο μας, προς το παρόν, δε διαθέτει.

Τη δεύτερη ώρα η κυρία Χριστίνα ανέφερε ότι οι εκθέσεις που γράψαμε ήταν ενδιαφέρουσες. Ωστόσο, το θέμα της έκθεσης που μονοπώλησε την ώρα του μαθήματος ήταν η έκθεση που αναφερόταν στην άδικη συμπεριφορά του Διευθυντή απέναντι στον Ανδρέα. Η κυρία Χριστίνα έβγαλε ένα τετράδιο εκθέσεων, το άνοιξε και άρχισε να διαβάζει μία έκθεση.

«Ο Ανδρέας είναι συμμαθητής μας. Πριν από τρεις μήνες χτύπησε σοβαρά σε ένα τροχαίο ατύχημα και δεν μπορεί να περπατήσει πλέον. Αυτό το πρόβλημα της δυσκολίας του να κινηθεί προκάλεσε την άρνηση του Διευθυντή να τον δεχτεί στο σχολείο μας, στο σχολείο του. Δεν καταλαβαίνω γιατί ένα παιδί που δεν μπορεί να περπατήσει να μην πηγαίνει σε σχολείο μαζί με παιδιά που δεν έχουν παρόμοια προβλήματα. Ιερό καθήκον του Διευθυντή μας είναι να βρει τον τρόπο ώστε να μείνει στο σχολείο ο συμμαθητής μας».

Τελειώνοντας την ανάγνωση της έκθεσης, η δασκάλα μας σήκωσε το κεφάλι της και κοιτάζοντάς μας στα μάτια μάς είπε με ραγισμένη φωνή:

-Η διαφορετικότητα ενός ατόμου δεν μπορεί να στέκεται εμπόδιο στις ίσες ευκαιρίες μόρφωσης, εργασίας, διασκέδασης. Ο πολιτισμός μας δεν πρέπει να κάνει τέτοιες διακρίσεις, τέτοιες αδικίες...

Την Παρασκευή, όταν τελείωσε η προσευχή, ο Διευθυντής μάς ανακοίνωσε, επιτέλους, ότι θα γίνουν οι απαραίτητες εργασίες στο σχολείο μας ώστε να μπορεί να παρακολουθήσει τα μαθήματα και ο Ανδρέας.

Τελικά πετύχαμε. Ο φίλος μου θα ερχόταν ξανά στο σχολείο. Η καρδιά μας γέμισε χαρά. Ήμασταν όλοι ενθουσιασμένοι. Μόλις σχολάσαμε έτρεξα στον Ανδρέα και του είπα τα νέα. Οι εργασίες για τη διαμόρφωση των χώρων του σχολείου θα ολοκληρώνονταν την επόμενη εβδομάδα.

Μία Παρασκευή

Το ανοιξιάτικο μεσημέρι ήταν πανέμορφο. Τα παιδιά έτρεχαν προς την έξοδο του σχολείου όλο χαρά. Το κουδούνι μόλις είχε αναγγείλει το τέλος της σχολικής ημέρας. Έσπρωξα το καροτσάκι του Ανδρέα γρήγορα προς την έξοδο. Είχαμε κανονίσει να φάμε μαζί το μεσημέρι το αγαπημένο του φαγητό. Άνοιξα την πόρτα του ασανσέρ του πρώτου ορόφου και μπήκαμε μέσα. Βγαίνοντας από το ασανσέρ συναντήσαμε την κυρία Χριστίνα.

-Καλό μεσημέρι παιδιά. Να προσέχετε στον δρόμο, μας συμβούλεψε, ως συνήθως.

-Ευχαριστούμε, επίσης κυρία, της απαντήσαμε χαρούμενοι.

Βγήκαμε από το σχολικό προαύλιο και προχωρούσαμε κατά μήκος του δρόμου. Εκείνη τη στιγμή εμφανίστηκαν ο Πέτρος και ο Μάρκος που έκαναν σκέητμπορντ. Μας πλησίασε και ο Μάρκος, που είναι γνωστό πειραχτήρι και είπε χαμογελαστά:

-Φίλε πάμε μια κόντρα, μέχρι το τέλος του δρόμου;

-Οκ, ήταν η απάντηση, χωρίς δισταγμό.

Σταθήκαμε πίσω από μια γραμμή και με το τρία ξεκινήσαμε.

Ο αγώνας ήταν αμφίρροπος. Κινούμασταν πολύ γρήγορα, βοηθούσε και ο Ανδρέας με τα χέρια του. Γύρναγε τις ρόδες του καροτσιού μία την μία και μία την άλλη. Πλησίαζε το τέλος του δρόμου και ήμασταν δίπλα δίπλα.

-Ανδρέα, σπρώξε με όλη σου τη δύναμη, θα τους νικήσουμε, είπα με πάθος που ενθάρρυνε τον Ανδρέα.

Τελευταίο μέτρο και με την άκρη του ματιού μου έβλεπα ότι θα κέρδιζε ο Μάρκος. Εκείνη τη στιγμή έδωσα μια βουτιά και τον

περάσαμε για πολύ λίγο. Το τι έγινε δεν περιγράφεται! Ο Ανδρέας είχε τα χέρια του υψωμένα προς τον ουρανό, το κεφάλι του ήταν στραμμένο προς τον Μάρκο και φώναζε «σας τσακίσαμε, σας τσακίσαμε». Κι εγώ, με τη σειρά μου, χοροπηδούσα γύρω από το καροτσάκι του Ανδρέα φωνάζοντας τα λόγια που θυμάμαι μέχρι σήμερα.

-Είδατε την πλάτη μας και την σκόνη μας!

Ο Φλας μας είχε ακούσει και είχε σκαρφαλώσει στη μάντρα με την μπάλα του στο στόμα. Μόλις μας είδε άρχισε να κουνάει ζωηρά την ουρά του.

Μπήκαμε στην αυλή και ήρθε τρέχοντας κοντά μας. Άφησε την μπάλα μπροστά στο καροτσάκι και κάθισε περιμένοντας να την πετάξουμε. Είναι το αγαπημένο του παιχνίδι.

-Θέλεις να παίξουμε, ε! φιλαράκο, για να δούμε πόσο γρήγορα θα τη φέρεις πίσω, είπε χαμογελώντας ο Ανδρέας.

Έπιασε την μπάλα και την πέταξε δυνατά προς την άλλη μεριά του κήπου. Ο Φλας έφυγε αστραπιαία και αστραπιαία γύρισε δίπλα μας με την μπάλα στο στόμα του. Άφησε την μπάλα πάλι κάτω και περίμενε να την πετάξουμε ξανά. Πιάνοντας την μπάλα ο Ανδρέας, την έβαλε ανάμεσα στα πόδια του και άρχισε να γυρίζει το καροτσάκι γύρω γύρω. Ο Φλας στριφογύριζε γαβγίζοντας, προσπαθώντας να πάρει τη μπάλα. Παίξαμε για αρκετή ώρα με τον Φλας και μετά μπήκαμε στο σπίτι.

Η μυρωδιά του φαγητού είχε γεμίσει όλο τον χώρο της κουζίνας, κεφτεδάκια με πατάτες τηγανιτές. Το κεφάλι μας δε σηκώθηκε ούτε μια φορά από το πιάτο. Πού και πού ακούγονταν μουγκρητά ευχαρίστησης. Το φαγητό εξαφανίστηκε πολύ γρήγορα από τα πιάτα μας, κάνοντας τη μητέρα περήφανη για τη μαγειρική της και χαρούμενη που μας ευχαρίστησε.

-Βλέπω σας άρεσε. Τα γλείψατε τα πιάτα σας…, είπε απλά.

Το απόγευμα διάβαζα τα μαθήματά μου, τα παιδιά έπαιζαν μπάλα μπροστά στον δρόμο και ο Φλας γάβγιζε κάθε φορά που η

μπάλα χτυπούσε τα κάγκελα του σπιτιού.

Ξαφνικά ακούστηκαν φωνές. Κοιτάζοντας από το παράθυρο του δωματίου μου, είδα την μπάλα να έχει σκαλώσει στα κλαδιά της λεμονιάς του διπλανού οικοπέδου. Κατέβηκα γρήγορα τα σκαλιά και βρέθηκα στο δρόμο. Ο ιδιοκτήτης, ο κύριος Θωμάς, που είναι άνθρωπος κλειστός και δύστροπος, είχε σκάσει, με το μαχαίρι, πολλές μπάλες στο παρελθόν. Είναι ο φόβος και ο τρόμος των παιδιών της γειτονιάς και έπρεπε να κάνουμε γρήγορα.

Είχαμε, λοιπόν, καθίσει κάτω από τα κλαδιά της λεμονιάς, σαν τις μέλισσες γύρω από το νέκταρ ενός λουλουδιού.

-Παιδιά, ο κύριος Θωμάς θα σκάσει την καινούρια μου μπάλα, είπε ο Γιαννάκης πανικοβλημένος. Εκείνη τη στιγμή ήρθε και ο Ανδρέας. Κοίταξε την μπάλα και όπως πάντα κατέβασε την καλύτερη ιδέα.

-Παιδιά, είπε, θα πάω το καροτσάκι μου κολλητά στα κάγκελα, θα βάλω τα φρένα και κάποιος ν' ανεβεί στο καροτσάκι και με το σκουπόξυλο να χτυπήσει την μπάλα έτσι που να πεταχτεί στο δρόμο.

Έτσι και έγινε. Η μπάλα έπεσε στον δρόμο και ο Γιαννάκης άρπαξε την μπάλα και μας κοίταξε όλο χαρά.

-Ευχαριστώ πολύ παιδιά και ιδιαίτερα εσένα Ανδρέα...

Στη Θάλασσα

Ξύπνησα το πρωί της Κυριακής όλο χαρά.

Ήταν η ημέρα που με τον Ανδρέα και τους άλλους συμμαθητές μας, κανονίσαμε να πάμε για μπάνιο στην θάλασσα. Ετοίμασα την τσάντα μου με μεγάλη προσοχή και ευχαρίστηση. Έβαλα μέσα μια πετσέτα, ένα μπουκάλι νερό, ένα ζευγάρι παντόφλες, το αντηλιακό και την μπάλα του βόλεϊ.

Ο Ανδρέας ήταν ήδη κάτω όταν βγήκα έξω. Οι γονείς του τον σήκωσαν από το καροτσάκι, τον κράτησαν στα χέρια τους και τον βοήθησαν να καθίσει στο πίσω κάθισμα του αυτοκινήτου.

Είπα καλημέρα και μπήκα στο πίσω μέρος του αυτοκινήτου μαζί με τον Ανδρέα. Ο πατέρας του Ανδρέα τακτοποίησε πρώτα στο πορτ-μπαγκάζ τις τσάντες του μπάνιου και το καροτσάκι, κάθισε στην θέση του οδηγού και ξεκινήσαμε. Η διαδρομή ήταν ευχάριστη. Αφήσαμε πίσω μας τα όρια της πόλης και στρίψαμε δεξιά. Κινηθήκαμε για δέκα λεπτά περίπου στην εθνική οδό και μετά πήραμε τον δρόμο στα αριστερά προς την παραλία. Ο Ανδρέας ήταν πολύ χαρούμενος. Δε σταμάτησε να με ρωτάει σε όλη την διαδρομή αν είχα πάρει την μπάλα, αν ήταν καλά φουσκωμένη, αν πήρα την τρόμπα, σε περίπτωση που ξεφούσκωνε.

-Γιώργο, μήπως η μπάλα είναι ξεφούσκωτη; Μήπως είναι έτσι; Μήπως είναι αλλιώς;

-Όχι Ανδρέα, μην ανησυχείς τόσο, την έλεγξα πριν τη βάλω στην τσάντα!

Διασχίσαμε ένα δασάκι και φτάσαμε μπροστά στην παραλία.

Ο κύριος Νίκος πάρκαρε το αυτοκίνητο στο τέλος της ασφάλτου, εκεί που άρχιζε η αμμουδιά. Κατέβηκα πρώτος και άνοιξα το πορτ-μπαγκάζ. Οι γονείς του Ανδρέα έβγαλαν την ομπρέλα και μου είπαν να περιμένω μέχρι να την τοποθετήσουν. Σχεδόν δίπλα μας άρχιζαν οι ξαπλώστρες από το μπαράκι. Όταν γύρισαν, πήραν αγκαλιά το Ανδρέα και προχωρήσαμε προς την ομπρέλα. Άφησαν το Ανδρέα πάνω σε μία πετσέτα και ο κύριος Νίκος γύρισε στο αυτοκίνητο.

Επέστρεψε φέρνοντας το καροτσάκι, ένα σωσίβιο και τις καρέκλες της παραλίας. Εν τω μεταξύ, έφτασαν και οι συμμαθητές μας. Ήρθαν στην ομπρέλα μας τρέχοντας.

-Καλημέρα είπαν μ' ένα στόμα, μια φωνή. Είναι ωραία ημέρα... δε θα βγούμε από το νερό, παρά μόνο πέντε λεπτά πριν να φύγουμε!

Ο Ανδρέας ανυπομονούσε να μπει στην θάλασσα. Είχε βγάλει τη μπλούζα και το παντελόνι του και περίμενε να φουσκώσουν το σωσίβιο.

Η θάλασσα ήταν δροσερή. Ο Ανδρέας κουνούσε τα χέρια του μέσα στη θάλασσα μία το ένα και μία το άλλο, κάνοντας τη θάλασσα να αφρίζει γύρω του. Ήταν πολύ χαρούμενος.

Οι υπόλοιποι της παρέας κολυμπούσαμε γύρω του και του κάναμε παρέα. Η σημερινή ημέρα ήταν αφιερωμένη σ' αυτόν. Το χαμόγελο δεν έφευγε από τα χείλη όλων μας.

- Παιδιά είναι ώρα για να παίξουμε και λίγη μπάλα! ακούστηκε να λέει ο Ανδρέας. Δεν χρειαζόταν δεύτερη κουβέντα, η μπάλα ήταν ήδη στο νερό.

-Λοιπόν, τι θα παίξουμε, ρώτησε ο Πέτρος.

-Είμαστε έξι, να χωριστούμε τρεις τρεις και να παίξουμε πόλο, πρότεινα και συμφώνησαν όλοι.

Εκείνη την ημέρα, ο καλός μου φίλος, ο Ανδρέας υπερασπίστηκε το τέρμα της δικής μου ομάδας, δεν ήθελε, λέει, να είμαστε αντίπαλοι.

Πανηγύριζε έξαλλα με κάθε γκολ που βάζαμε. Χτυπούσε

τα χέρια του στο νερό και φώναζε: «Έτσι παιδιά, θα τους νική-σουμε».

Το παιχνίδι τελείωσε και η κούραση φαινόταν ζωγραφισμένη στα πρόσωπά μας. Ωστόσο, ήμασταν ευχαριστημένοι. Ιδιαίτερα ο Ανδρέας που με το τέλος του παιχνιδιού, μας αγκάλιασε όλους έναν έναν και μας έδειξε την ευγνωμοσύνη του.

-Σας ευχαριστώ παιδιά ήταν η καλύτερή μου ημέρα μετά το ατύχημα...

Το τέλος

Ο Ανδρέας, κάθε πρωΐ προτού πάει στο σχολείο περνούσε από την εκκλησία του Αγίου Γεωργίου, που βρισκόταν δίπλα στο σχολείο του και άναβε ένα κερί. Καθώς μεγάλωνε έκανε διάφορες χειρουργικές επεμβάσεις και θεραπείες στα κάτω άκρα και στη μέση του. Οι επεμβάσεις που έκανε, με τη βοήθεια της προσευχής του, κατάφεραν να τον κάνουν να στέκεται στα πόδια του και να περπατάει.

Η θέλησή του για ζωή και η πίστη του στο θαύμα, τον έκανε να επιμένει και στο τέλος να κερδίσει. Όταν μεγάλωσε, πέρασε στην Ιατρική και έγινε παιδοχειρουργός. Σαν στόχο στη ζωή του έβαλε να βοηθήσει, όσο μπορούσε, παιδιά με κινητικά προβλήματα. Δεν έδωσε ποτέ σημασία στο χρώμα ή την εθνικότητα, αλλά μόνο στη δίψα των παιδιών για ζωή. Έκανε πολλά παιδιά να χαμογελάσουν, κάτι που θεωρούσε ότι ήταν η μεγαλύτερη αμοιβή που μπορούσε κανείς να εισπράξει.

www.ingramcontent.com/pod-product-compliance
Lightning Source LLC
Chambersburg PA
CBHW042014080426
42734CB00003B/72